Nahrung für die Seele

Sun Tsu

Unbesiegbarkeit durch innere Meisterschaft

Nahrung für die Seele

Sun Tsu

UNBESIEGBARKEIT DURCH INNERE MEISTERSCHAFT

Das Tao des klugen Handelns

Verlag Hermann Bauer
Freiburg im Breisgau

Die Deutsche Bibliothek – CIP-Einheitsaufnahme

Sun Wu:
Unbesiegbarkeit durch innere Meisterschaft :
das Tao des klugen Handelns / Sun Tsu.
[Hrsg. von Richard Reschika]. –
2. Aufl. – Freiburg im Breisgau : Bauer, 1997
  (Nahrung für die Seele)
  Einheitssacht.: Sunzi-bingfa <dt.> Teilausg.
  ISBN 3-7626-0555-6

Herausgegeben von Richard Reschika

2. Auflage 1997
ISBN 3-7626-0555-6
© 1997 by Verlag Hermann Bauer KG, Freiburg im Breisgau
Das gesamte Werk ist im Rahmen des Urheberrechtsgesetzes geschützt. Jegliche vom Verlag nicht genehmigte Verwertung ist unzulässig. Dies gilt auch für die Verbreitung durch Funk, Fernsehen, photomechanische Wiedergabe, Tonträger jeder Art, elektronische Medien sowie für auszugsweisen Nachdruck.
Einband: Ralph Höllrigl, Freiburg im Breisgau
Satz: Fotosetzerei G. Scheydecker, Freiburg im Breisgau
Druck: Rombach GmbH, Druck- und Verlagshaus,
Freiburg im Breisgau
Bindung: Walter Industriebuchbinderei, Heitersheim
Printed in Germany

Inhalt

Vorbemerkung 7

1. Strategische Überlegungen 9

2. Angriff 29

3. Belagerung 37

4. Formationen 59

5. Kraft 76

6. Leere und Fülle 89

7. Kampf 98

8. Anpassung 101

9. Vormarsch 105

VORBEMERKUNG

Wie das *Tao Te King* (Das Buch vom Weg und seiner Kraft) und das *I Ging* (Das Buch der Wandlungen) gehört auch Sun Tsus vor ungefähr 2500 Jahren entstandenes Werk *Die Kunst des Krieges* zu den geheimnisvollen Klassikern der chinesischen Weisheitsliteratur.

Vorliegende kleine Auswahl möchte die modernen Leser dazu ermuntern, Sun Tsus Ratschläge beim Umgang mit Konflikten und deren Lösungen in den verschiedensten Lebenssituationen anzuwenden: in der persönlichen, beruflichen, aber auch gesellschaftlich-politischen Sphäre.

Den tiefen Weisheiten Sun Tsus folgen in dieser Ausgabe erläuternde Kommentare von elf Gelehrten aus dem 2. bis zum 13. Jahrhundert unserer Zeitrechnung.

Der Herausgeber

I.

STRATEGISCHE ÜBERLEGUNGEN

Meister Sun
Führerschaft ist eine Sache der Intelligenz, der Glaubwürdigkeit, der Menschlichkeit, des Mutes und der Strenge.

Du Mu
Der Weg der Könige früherer Zeiten bestand darin, zuerst die Menschlichkeit zu bedenken, während der in den Kriegskünsten Bewanderte an erste Stelle die Intelligenz setzte, weil Intelligenz die Fä-

higkeit zu planen und zu erkennen einschließt, wann Anpassung erfolgreich sein kann. Glaubwürdigkeit heißt, die Menschen über Bestrafung und Belohnung nicht im unklaren zu lassen. Menschlichkeit bedeutet, Liebe und Mitgefühl für die Menschen zu empfinden und sich ihrer Mühsal bewußt zu sein. Mut heißt, Gelegenheiten zu ergreifen, um sich den Sieg zu sichern, ohne Unentschlossenheit zu zeigen. Strenge bedeutet, Disziplin in den verschiedenen Rängen durch strenge Strafen durchzusetzen.

Jia Lin

Verläßt du dich allein auf deine Intelligenz, so mündet dies in Widerspenstigkeit. Läßt du allein Menschlichkeit walten, so mündet dies in Schwäche. Ist für dich Vertrauen am wichtigsten, so mündet dies in Torheit. Verläßt du dich allein auf die Stärke deines Mutes, so mündet dies in Gewalt. Befehligst du deine Truppen mit übermäßiger Strenge, so mündet dies in Grausamkeit. Wenn du über alle fünf Tugenden verfügst und jede ihrer Funktion entsprechend einsetzt, dann kannst du ein militärischer Führer sein.

Meister Sun

Analysiere die Vorteile, die du aus meinem Ratschlag ziehst. Dann gliedere deine Kräfte entsprechend, und mache dir außergewöhn-

liche Taktiken zunutze. Die Kräfte müssen strategisch gegliedert werden und in Übereinstimmung mit dem stehen, was von Vorteil ist.

Cao Cao

Die Gliederung hängt von der Strategie ab, die Strategie wird gemäß den Ereignissen festgelegt.

Meister Sun

Jede militärische Operation beinhaltet Täuschung. Selbst wenn du fähig bist, erscheine unfähig. Selbst wenn du tätig bist, erscheine untätig.

Cao Cao
Eine militärische Operation kennt keine von vornherein feststehende Form – sie bedient sich der Täuschung.

Mei Yaochen
Ohne Täuschung kannst du keine Strategie in die Tat umsetzen; ohne Strategie kannst du den Gegner nicht unter Kontrolle halten.

Wang Xi
Jede Täuschung hat zum Ziel, den Sieg über einen Gegner zu erringen; um Truppen zu befehligen, bedarf es der Aufrichtigkeit.

Du You
Dies bedeutet, daß du äußerlich unfähig und untauglich scheinen solltest, auch wenn du in Wirklichkeit fähig und erfolgreich bist. Dadurch kannst du erreichen, daß der Feind unvorbereitet bleibt.

Wang Xi
Bist du stark, so erscheine schwach. Bist du tapfer, so erscheine ängstlich. Bist du ordentlich, so erscheine chaotisch. Bist du erfüllt, so erscheine leer. Bist du weise, so erscheine töricht. Verfügst du über zahlreiche Truppen, so scheine nur über wenige zu verfügen. Dringst du vor, so scheine dich zurückzuziehen. Bewegst du dich schnell, so scheine dich

langsam zu bewegen. Eroberst du, so scheine wegzugehen. Bist du an einem Ort, so scheine an einem anderen Ort zu sein.

Meister Sun
Wenn du in der Nähe angreifen willst, so täusche vor, daß du dich auf einen weiten Weg machst; wenn du in der Ferne angreifen willst, mach die anderen glauben, daß du nur eine kurze Strecke zurücklegen willst.

Li Quan
So kannst du bewirken, daß der Gegner unvorbereitet ist.

Meister Sun
Verführe den Gegner mit der Aussicht auf seinen Vorteil, schütze Unordnung vor und nimm ihn gefangen.

Mei Yaochen
Ist der Gegner gierig, locke ihn mit verführerischen Dingen.

Du Mu
Wenn der Feind verwirrt ist, kannst du diese Gelegenheit nützen, ihn zu überwältigen.

Jia Lin
Ich würde listige Eindringlinge benützen, um den Feind zu verwirren, und so lange

abwarten, bis Unordnung beim Feind herrscht; dann angreifen und ihn gefangennehmen.

Meister Sun
Wenn der Gegner erfüllt ist, dann sei auf ihn gefaßt; wenn er stark ist, dann weiche ihm aus.

Du Mu
Ist die feindliche Regierung erfüllt – was bedeutet, daß zwischen dem Herrscher und den Untergebenen gegenseitige Zuneigung besteht, daß Klarheit und Vertrauen im System der Belohnungen und Bestrafungen herrscht und daß die Soldaten gut ausgebildet sind – dann solltest du

dich vor dem Gegner in acht nehmen. Warte nicht auf den Zusammenprall, um deine Vorbereitungen zu treffen. Ist das Militär des Feindes stark, solltest du ihn vorübergehend meiden und abwarten, bis er erschlafft, und nach einer Öffnung Ausschau halten, um ihn anzugreifen.

Chen Hao

Regt sich der Feind nicht, ist er ganz und gar erfüllt, dann solltest du dich sorgfältig vorbereiten. Erfülle auch dich selbst, so daß du für ihn bereit bist.

He Yanxi

Wenn du nur Erfüllung beim Gegner wahrnimmst und keinerlei Lücke siehst, dann solltest du deine eigene Kraft aufbauen, um vorbereitet zu sein.

Zhang Yu

In einem Klassiker heißt es: »Liegst du mit deinem Gegner im Kampf, dann kannst du herausfinden, wovon er genug hat und woran es ihm mangelt.« Genug zu haben heißt, erfüllt zu sein, Mangel leiden heißt, eine Lücke zu haben. Sobald die militärische Macht des Gegners erfüllt ist, solltest du ihn behandeln, als wäre er unschlagbar, und ihn nicht leichtfertig angreifen. Ein Militärführer sagt: »Erblickst du eine Lücke, dann rücke vor; erblickst du Fülle, dann halte inne.«

Jia Lin
Will der Schwache den Starken unter Kontrolle halten, dann ist es logischerweise notwendig, eine Veränderung abzuwarten.

Meister Sun
Nütze es aus, wenn der Gegner leicht erregbar ist, um ihn herauszufordern.

Cao Cao
Warte ab, bis dein Gegner heruntergekommen und faul ist.

Mei Yaochen
Sind deine Feinde jähzornig, dann reize sie so lange, bis sie derart erregt sind, daß sie leichtfertig in die Schlacht ziehen.

Zhang Yu
Ist der Gegner heftig und gerät er leicht in Wut, dann reize ihn, um ihn wütend zu machen, so daß sein Kampfgeist geschwächt wird – dann wird er nachlässig handeln, ohne einen Plan auszuarbeiten.

Meister Sun
Gib Unterwürfigkeit vor, um die Arroganz des Gegners anzustacheln.

Li Quan
Wenn der Gegner dich mit teuren Geschenken und süßem Geschwätz überhäuft, dann führt er etwas im Schilde.

Wang Xi
Tu so, als wärest du demütig und schwach, um die Arroganz deines Gegners zu provozieren – dann wird er sich nicht weiter um dich sorgen, und du kannst ihn angreifen, während er sich entspannt.

Meister Sun
Ermüde ihn, indem du die Flucht ergreifst.

Cao Cao
Benütze Schnelligkeit, um den Gegner zu ermüden.

Zhang Yu
Auf diesem Weg kannst du dir deine Stärke bewahren, während der Gegner ermüdet.

Meister Sun
Säe Zwietracht zwischen deinen Feinden.

Li Quan
Brich die Einigkeit, die unter ihnen herrscht, auf; säe Zwietracht zwischen der Führerschaft und den Ministern, und greife dann an.

Du Mu
Dies bedeutet, daß du, wenn die Beziehungen zwischen der gegnerischen Regierung und ihren Anhängern harmonisch sind, mit Bestechung arbeiten solltest, um sie zu spalten.

Chen Hao
Sind sie geizig, dann sei du großzügig; sind sie barsch, dann sei du milde. Auf diese Art und Weise kannst du Mißtrauen zwischen der Führung und ihren Anhängern stiften, und du kannst einen Keil der Spaltung zwischen sie treiben.

Du You
Verführe sie mit der Aussicht auf Gewinn, sende Eindringlinge aus, die sich unter sie mischen, laß rhetorisch Geschulte sich mit schönen Worten bei den Führern und ihrem Gefolge einschmeicheln, und sprenge ihre Organisation und Macht.

Zhang Yu
Du magst Unstimmigkeiten zwischen der Führerschaft und ihren Untergebenen hervorrufen oder zwischen deinen Gegnern und ihren Verbündeten – bewirke eine Spaltung, und dann verfolge dein Ziel.

Meister Sun
Greife an, wenn der Gegner unvorbereitet ist, mache einen Schachzug, wenn er es am wenigsten erwartet.

Cao Cao
Geh zum Angriff über, wenn die Aufmerksamkeit des Gegners nachläßt; tu einen Schritt, wenn sich eine Lücke auftut.

Meng Shi

Schlage dort zu, wo sich Lücken auftun, greife an, wenn der Gegner nachlässig wird, und gib ihm keine Möglichkeit, sich auszudenken, wie er sich vorbereiten könnte. Daher heißt es, daß bei militärischen Operationen Formlosigkeit am wirkungsvollsten ist. Einer der großen Kriegsherren sagte: »Die wirkungsvollste aller Bewegungen ist die, die niemand erwartet hat; der beste aller Pläne ist der, der unbekannt bleibt.«

Meister Sun

Die Formation und das Vorgehen, derer sich das Heer bedient, sollten nicht vorzeitig an die Öffentlichkeit gelangen.

Li Quan

Geh zum Angriff über, wenn der Gegner unvorbereitet und nicht darauf gefaßt ist, und du wirst mit Gewißheit den Sieg davontragen. Dies ist die Essenz aller Kampfkünste, und sie muß geheimgehalten und darf nicht enthüllt werden.

Du Mu

Etwas in die Öffentlichkeit gelangen lassen heißt, darüber zu sprechen. Dies bedeutet, daß alle der vorher erwähnten Strategien, die einen militärischen Sieg sichern sollen, nicht ein für alle Male festgelegt werden können – betrachte zuerst die Formation des Gegners und wende erst dann deine Strategie an. Du kannst nicht sagen, was du tun wirst, bevor nicht der Zeitpunkt zum Handeln gekommen ist.

Mei Yaochen
Da du dich angesichts des Feindes in angemessener Weise anpassen und auf ihn einstellen mußt, wie könntest du da im vorhinein sagen, was du zu tun gedenkst?

2.

ANGRIFF

Meister Sun

Wenn du in den Krieg ziehst, magst du zwar als Sieger daraus hervorgehen, aber deine Waffen werden stumpf und deine Kampfmoral leidet, wenn er sich zu lange hinzieht. Belagerst du eine befestigte Stellung, wird sich deine Kraft erschöpfen. Wenn du deine Truppen lange Zeit im Feld beläßt, wird es an Nachschub mangeln.

Jia Lin

Selbst wenn du als Sieger über die anderen aus einem Kampf hervorgehst, wirst du davon nichts haben, wenn der Kampf zu lange andauert. Bei militärischen Operationen ist es wichtig, einen vollständigen Sieg zu erringen; wenn deine Kräfte erlahmen und deine Moral nachläßt, weil du Verluste erleidest und sich Kampfesmüdigkeit breitmacht, dann wirst du erschöpft sein.

Li Quan

Schon der Klassiker der *Frühlings- und Herbstannalen* sagt: »Der Krieg ist wie ein Feuer – wenn du es nicht auslöschst, wird es so lange brennen, bis es von selbst verlischt.«

Jia Lin
Wenn eine militärische Operation sich lange hinzieht, ohne Ergebnisse zu zeitigen, dann werden deine Rivalen beginnen, Pläne zu schmieden.

Du You
Waffen sind unheilvolle Geräte – wenn du sie über zu lange Zeit einsetzt, bringen sie Unglück. Es heißt: »Jene, die es lieben zu kämpfen und dadurch ihre Armee erschöpfen, werden unweigerlich zugrunde gehen.«

Meister Sun
Sind deine Waffen stumpf und ist deine Kampfmoral schwach, sind deine Kräfte ge-

schwunden und deine Vorräte erschöpft, dann werden andere Vorteil aus deiner Schwäche ziehen und sich erheben. Und auch wenn dir die klügsten Ratgeber zur Seite stehen, kannst du den Lauf der Dinge nicht mehr zu deinen Gunsten verändern.

Meister Sun
Daher habe ich von Unternehmungen gehört, die zwar ungeschickt, aber schnell waren, aber ich habe nie eine gesehen, die geschickt und langwierig gewesen wäre. Eine langwierige militärische Operation war für eine Nation noch nie von Vorteil.

Cao Cao
Manche gewinnen aufgrund ihrer Schnelligkeit, selbst wenn sie über kein großes Geschick verfügen.

Du Mu
Manche mögen beim Angriff unbeholfen sein, aber sie erlangen die Oberhand dank ihrer außergewöhnlichen Schnelligkeit und weil sie ihre Kräfte nicht verschleißen und ihre Reserven nicht erschöpfen.

Chen Hao
Es heißt, sei schneller wie der Donner, der erschallt, bevor du dir auch nur die Ohren zuhalten kannst; und sei ge-

schwind wie der Blitz, der aufleuchtet, bevor du auch nur die Augen schließen kannst.

Meister Sun
Was den Gegner vernichtet, ist Zorn; was zur Erbeutung der Habe des Feindes führt, ist Belohnung.

Du You
Wenn die Menschen wissen, daß sie reichlich belohnt werden, falls sie den Feind besiegen, dann werden sie freudig in den Kampf ziehen.

Meister Sun
Daher ist das Wichtigste in einer militärischen Unternehmung der Sieg und nicht das Duchhaltevermögen.

Meng Shi
Das beste ist ein rascher Sieg und eine schnelle Heimkehr.

Meister Sun
Daher wissen wir, daß der Anführer der Armee die Verantwortung für das Leben der Menschen trägt und über die Sicherheit des Staates entscheidet.

Cao Cao
Ist die militärische Führung weise, dann ist das Land sicher.

3.

BELAGERUNG

Meister Sun
Die allgemein gültige Regel für den Einsatz des Militärs lautet: Es ist besser, eine Nation unversehrt zu belassen, als sie zu zerstören. Es ist besser, eine Armee unversehrt zu belassen, als sie zu vernichten; es ist besser, eine Division unversehrt zu belassen, als sie zu vernichten; es ist besser, eine Abteilung unversehrt zu belassen, als sie zu vernichten; es ist besser, eine Einheit unversehrt zu belassen, als sie zu vernichten.

Jia Lin
Wenn es dir gelingt, das Land des Gegners unversehrt zu lassen, dann wird auch dein eigener Staat heil bleiben. So ist es am besten.

Du You
Es ist am besten, wenn der Gegner auf dich zukommt und sich von sich aus ergibt. Ihn anzugreifen und zu vernichten ist dem unterlegen.

He Yanxi
Die beste Politik besteht darin, sich Strategie, Beeinflussung und den Verlauf der Ereignisse zunutze zu machen, um den Gegner zur freiwilligen Aufgabe zu bewegen.

Wang Xi
Nation, Armee, Division, Abteilung und Einheit – egal ob groß oder klein, wahre ihre Unversehrtheit, und deine Würde wird dadurch wachsen; zerstöre sie, und deine Würde wird darunter leiden.

Meister Sun
Daher beweisen jene, die jede Schlacht gewinnen, nicht wirklich höchstes Geschick – jene, die die gegnerische Armee hilflos machen, ohne es zu einem Kampf kommen zu lassen, sind die wahrhaft Vortrefflichen.

Cao Cao
Der beste Sieg ist dann errungen, wenn der Gegner sich aus eigenen Stücken er-

gibt, bevor es tatsächlich zu Feindseligkeiten kommt.

Zhang Yu

Gelingt es dir nur dann, die Oberhand zu behalten, wenn du dich auf einen Kampf einläßt, gibt es gewiß viele Opfer; dies ist nicht gut. Wenn es dir gelingt klarzustellen, was belohnt und was bestraft wird; wenn deine Weisungen verläßlich sind und du deine Gerätschaft in gutem Zustand hältst; wenn du deine Offiziere und Truppen trainierst, sie exerzieren läßt und ihre Stärke überall bekannt machst, damit du den Gegner auf der psychologischen Ebene besiegen kannst, so ist dies vortrefflich.

Wang Xi
Bei militärischen Operationen schätzt man es hoch ein, wenn die Strategie des Gegners durchkreuzt wird, und nicht, wenn es zu einer regelrechten Schlacht kommt.

Meister Sun
Daher schlägt der vorbildliche Stratege zu, solange Pläne geschmiedet werden.

Cao Cao
Wenn der Gegner gerade im Begriff ist, seine Strategie auszuarbeiten, ist es leicht zuzuschlagen.

Mei Yaochen
Dies bedeutet, durch Intelligenz zu siegen.

Wang Xi
Am besten ist es, die Absichten der anderen durch intelligentes Planen zu vereiteln.

Meister Sun
Die nächstbeste Strategie ist es, Bündnisse anzugreifen.

Meng Shi
Wenn du Bündnisse mit starken Staaten eingehst, werden deine Gegner es nicht wagen, gegen dich zu intrigieren.

Mei Yaochen
Dies bedeutet, durch Einschüchterung zu siegen.

Wang Xi
Es bedeutet, daß du dich mit den Bündnissen des Gegners befaßt und versuchst, sie zu untergraben, falls du seine Absichten nicht vollkommen durchkreuzen kannst.

Meister Sun
Die nächstbeste Strategie besteht darin, die Armee anzugreifen.

Cao Cao
Dies bedeutet, anzugreifen, wenn sich die Armee bereits formiert hat.

Mei Yaochen
Dies bedeutet den Sieg im Kampf erringen.

Meister Sun
Die minderste Strategie besteht darin, eine Stadt anzugreifen. Zur Belagerung einer Stadt darf es nur dann kommen, wenn kein anderer Ausweg bleibt.

Cao Cao
Wenn der Gegner alle seine Mittel einsetzt und eine Stadt verteidigt, dann ist es die niedrigste Form einer militärischen Operation, ihn in dieser Lage anzugreifen.

Meister Sun

Daher besiegt der, der die Kunst des Krieges beherrscht, die Kräfte der anderen ohne Kampf, er bezwingt die Städte der anderen ohne Belagerung und zerstört den Staat der anderen, ohne viel Zeit darauf zu verschwenden.

Li Quan

Benütze Taktiken und überwinde den Gegner, indem du ihn entmutigst, statt mit ihm zu kämpfen; nimm seine Städte durch strategisches Denken ein. Zerstöre schlau sein Land, und stirb nicht in einem langwierigen Krieg.

Mei Yaochen

Kämpfen bedeutet, Menschen zu verletzen; belagern bedeutet, Dinge zu zerstören.

He Yanxi

Dies bedeutet, bereits im Stadium des Planens anzugreifen und die Bündnisse zu sprengen, so daß es erst gar nicht zu einem tatsächlichen Kampf kommt. Daher heißt es in den klassischen Kampfkünsten, daß die besten Strategen nicht kämpfen. Einer, der es versteht, eine Belagerung durchzuführen, tut dies nicht mit einer Armee, sondern bedient sich einer Strategie, um dem Gegner entgegenzuarbeiten, so daß dieser sich selbst besiegt und zerstört; er überwindet den Gegner nicht durch einen langen, mühsamen Feldzug.

Zhang Yu

Ein geschickter Stratege vereitelt Pläne, zerstört Beziehungen, schneidet den Nachschub ab oder blockiert den Weg und kann so den Feind überwältigen, ohne zu kämpfen. Eine Art, eine Stadt einzunehmen, besteht darin, daß du einen Ort angreifst, den der Feind unbedingt halten will. Dadurch lockst du ihn aus der Stadtfestung, da er diesem Ort zu Hilfe kommen will, und du kannst dann die Stadt in einem überraschenden Angriff erobern.

Meister Sun
Du mußt mit einer Strategie, die auf einen vollständigen Sieg ausgerichtet ist, nach der Überlegenheit in der Welt streben. Dann liegen die Truppen nicht als Besatzung in Garnison, und der Sieg kann vollkommen sein. Dies ist das Gesetz der strategischen Belagerung.

Mei Yaochen
Ein vollkommener Sieg ist dann erlangt, wenn die Armee nicht kämpft, die Stadt nicht belagert wird, die Zerstörung nicht lange währt; aber in jedem Fall wird der Feind mittels Strategie überwältigt. Dies heißt strategische Belagerung. Auf diese Art und Weise stumpfst du deine Armee

nicht ab, und du gewinnst ganz von selbst umfassend.

Zhang Yu

Wenn du nicht kämpfst, werden deine Soldaten nicht verwundet; wenn du keine Belagerung vornimmst, wird deine Stärke sich nicht erschöpfen; wenn du dich nicht auf ein langwieriges Unternehmen einläßt, werden deine Hilfsmittel nicht aufgebraucht. So kannst du den vollkommenen Sieg über die Welt erringen. Dadurch kannst du das Unglück vermeiden, das mit Besetzung und Gewalt einhergeht, und du kommst in den Genuß der Wohltaten eines blühenden Staates und einer starken Armee.

Dies ist die Kunst der strategischen Belagerung, wie sie einen guten General auszeichnet.

Meister Sun
Die Regel für den Einsatz des Militärs lautet: Wenn du dem Gegner zehn zu eins überlegen bist, dann umzingle ihn; wenn du ihm fünf zu eins überlegen bist, dann greife an; wenn du ihm zwei zu eins überlegen bist, dann zerstreue ihn.

Cao Cao
Wenn du dem Gegner zehn zu eins überlegen bist, dann umzingle ihn – das heißt, wenn die Generäle über die gleiche Intelligenz und Tapferkeit verfügen und

die Soldaten gleich tüchtig sind. Wenn du dem Gegner fünf zu eins überlegen bist, benütze drei Fünftel deiner Kräfte für direkte Angriffe, die restlichen zwei Fünftel für Überraschungsangriffe. Bist du dem Gegner zwei zu eins überlegen, dann teile deine Streitkräfte in zwei Gruppen, eine für die direkte Bestürmung und die andere für einen Überraschungsangriff.

He Yanxi
Wenn du Berechnungen anstellst und die Stärke deiner Kräfte mit denen des Feindes vergleichst, berücksichtige das Talent, die Intelligenz und den Mut der Generäle – bist du zehnmal stärker als der

Feind, ist dies zehn zu eins, und du kannst ihn einkreisen und alle seine Versuche, die Umzingelung zu durchbrechen, zunichte machen.

Meister Sun
Bist du gleich stark wie dein Feind, dann kämpfe, wenn du dazu in der Lage bist. Bist du ihm zahlenmäßig unterlegen, dann halte dich von ihm fern, wenn du dazu in der Lage bist. Bist du ihm nicht gewachsen, dann fliehe, wenn du dazu in der Lage bist.

Cao Cao
Sind deine Kräfte denen des Feindes gleichwertig, solltest du, auch wenn du

gut bist, aus dem Hinterhalt angreifen und Überraschungsattacken durchführen, damit du die Oberhand über den Gegner behältst. Sonst verhalte dich defensiv und laß dich auf keinen Kampf ein. Wenn dein Gegner dir aber überlegen ist, dann nimm deine Soldaten und fliehe.

Li Quan

Wenn du deine Kraft geringer als die des Feindes einschätzt, dann stärke deine Verteidigung, wage dich nicht hinaus und hole dir keine Niederlage. Warte, bis dein Gegner schwerfällig wird, dann gehe hinaus und greife überraschend an.

Meister Sun
Wenn also die schwächere Seite hartnäckig ist, gerät sie in die Gefangenschaft des stärkeren Gegners.

Li Quan
Wenn die schwächere Seite hartnäckig kämpft, ohne ihre Stärke zu berücksichtigen, wird sie sicherlich von der überlegenen Seite gefangengenommen.

Meng Shi
Das Kleine kann dem Großen nicht standhalten – dies bedeutet, daß ein kleines Land, das seine Macht nicht richtig beurteilt und es wagt, sich ein größeres Land zum Feind zu machen, unweiger-

lich zu einer gefangenen Nation werden wird, egal wie entschlossen seine Verteidigung ist. In den *Frühlings- und Herbstannalen* heißt es: »Wenn du nicht stark, aber auch nicht schwach sein kannst, wirst du letztlich unterliegen.«

Meister Sun
Es gibt also fünf Wege, die erkennen lassen, wer siegen wird. Jene, die wissen, wann sie kämpfen und wann sie nicht kämpfen sollen, werden siegen. Jene, die unterscheiden, wann sie viele und wann sie wenige Truppen einsetzen sollen, werden siegen. Jene, deren obere und untere Ränge die gleichen Ziele verfolgen, werden siegen. Jene, die dem Unvorbereiteten vorbereitet entgegen-

treten, werden siegen. Jene, deren Generäle fähig sind und nicht von ihrer Regierung behindert werden, werden siegen. Dies sind die fünf Wege, die erkennen lassen, wer siegen wird.

He Yanxi
Beurteile dich selbst und deinen Gegner.

He Yanxi
In der Regel mußt du bei einer militärischen Operation deine Taktik hundertmal, bei jedem Schritt ändern. Du mußt vorrücken, wenn du siehst, daß du vorrücken kannst, du mußt dich zurückziehen, wenn du siehst, daß du in einer Sackgasse steckst. Was Befehle von seiten

des Herrschers betrifft, die all dies regeln sollten, so ist es, als würdest du deinem Vorgesetzten ankündigen, daß du ein Feuer löschen wolltest – bis du mit einem Befehl dorthin zurückkommst, ist nichts mehr übrig außer Asche.

Meister Sun
Deshalb heißt es: Wenn du die anderen und dich selbst kennst, wirst du auch in hundert Schlachten nicht in Gefahr schweben; wenn du die anderen nicht kennst, aber dich selbst kennst, dann siegst du einmal und verlierst einmal; wenn du die anderen nicht kennst und dich selbst nicht kennst, dann wirst du in jeder einzelnen Schlacht in Gefahr sein.

Zhang Yu

Wenn du die anderen kennst, dann bist du imstande, sie anzugreifen. Wenn du dich selbst kennst, bist du imstande, dich zu schützen. Der Angriff ist die Zeit für die Verteidigung, Verteidigung ist eine Strategie des Angriffs. Erkennst du das, wirst du nie in Gefahr sein, selbst wenn du in hundert Schlachten kämpfst.

4.

FORMATIONEN

Meister Sun
In alten Zeiten machten vortreffliche Krieger sich zuallererst unbesiegbar und warteten dann den Moment ab, in dem der Gegner sich verwundbar zeigte.

Zhang Yu
Dich unbesiegbar zu machen bedeutet, dich selbst zu kennen; den Moment abzuwarten, in dem der Gegner sich verwundbar zeigt, bedeutet, den anderen zu kennen.

Mei Yaochen
Verbirg deine Form, wahre die Ordnung in deinem Inneren, und halte Ausschau nach Lücken und Nachlässigkeit beim Gegner.

Meister Sun
Unbesiegbarkeit liegt in dir selbst, Verwundbarkeit liegt im Gegner.

Du Mu
Halte die Ordnung in deinem Heer aufrecht, sei immer auf den Gegner vorbereitet, verwische deine Spuren und verschleiere deine Form; so machst du dich unergründlich für deinen Gegner. Wenn

du siehst, daß du im Vorteil gegenüber deinem Gegner bist, tritt hervor, um ihn anzugreifen.

Meister Sun
Daher sind geschickte Krieger fähig, sich unbesiegbar zu machen, aber sie können nicht bewirken, daß der Gegner verwundbar ist.

Du Mu
Wenn der Gegner keine Formation bildet, die du herausfinden könntest, wenn du keine Lücke oder Nachlässigkeit ausnützen kannst, wie willst du ihn dann besiegen, auch wenn du gut ausgerüstet bist?

Zhang Yu
Wenn du deine Form verbirgst und deine Spuren verwischst und immer aufs genaueste vorbereitet bist, dann kannst du selbst unverletzbar sein. Sind die Formen der Stärke und Schwäche des Gegners nicht im Äußeren wahrnehmbar, wie kannst du dann deines Sieges über den Gegner sicher sein?

Meister Sun
Daher heißt es, daß man einen Sieg zwar erkennen, aber nicht herbeiführen kann.

Du Mu
Du kannst nur wissen, ob deine eigene Stärke reicht, um einen Gegner zu über-

wältigen; du kannst einen Gegner nicht zwingen, seine Stärke zu deinem Vorteil zu vermindern.

Du You
Sobald du einen Gegner beurteilt und die gegnerische Formation erkannt hast, kannst du vorhersagen, wer siegen wird. Ist der Gegner unergründlich und formlos, dann kannst du nicht davon ausgehen, daß du gewinnen wirst.

Meister Sun
Unbesiegbarkeit ist eine Sache der Verteidigung, Verwundbarkeit ist eine Sache des Angriffs.

Cao Cao
Soll deine Verteidigung unbezwingbar sein, dann verbirg deine Form. Wenn der Gegner dich angreift, dann ist er verwundbar.

Wang Xi
Jene, die sich in der Defensive befinden, tun dies, weil sie nicht genug haben, um zu gewinnen. Jene, die sich in der Offensive befinden, tun dies, weil sie mehr als genug haben, um zu gewinnen.

Meister Sun
Verteidigung ist angezeigt in Zeiten des Mangels; Angriff ist angezeigt in Zeiten des Überflusses.

Li Quan

Jene, deren Stärke unzureichend ist, sollten sich verteidigen, jene, deren Stärke im Überfluß vorhanden ist, sollten angreifen.

Zhang Yu

Wenn wir in der Defensive sind, dann deswegen, weil es uns an etwas mangelt und wir daher den Sieg nicht erringen können. So warten wir auf das, was wir brauchen. Wenn wir in der Offensive sind, dann deshalb, weil wir mehr als genug von dem haben, was wir brauchen, um den Gegner in die Knie zu zwingen. So gehen wir zum Angriff über. Dies bedeutet, daß wir uns nicht auf einen Kampf einlassen werden, wenn wir uns des vollständigen Sieges nicht sicher sind; wir werden nicht kämpfen, solange wir nicht die Gewißheit haben, daß wir kein Risiko eingehen. Manche Menschen glauben, Mangel bedeute Schwäche und Überfluß bedeute Stärke, aber dieser Eindruck ist falsch.

Meister Sun
Wer den Sieg erkennt, wenn er allgemein bekannt ist, ist nicht wirklich geschickt. Jeder sagt, ein Sieg in der Schlacht sei gut, aber er ist nicht wirklich gut.

Zhang Yu
Was jeder weiß, ist, was bereits geschehen oder offensichtlich geworden ist. Was hin-

gegen ein wacher Mensch weiß, ist, was noch nicht Gestalt angenommen hat, was noch nicht eingetroffen ist. Jeder sagt, ein Sieg in der Schlacht sei gut, aber wenn du das Feine siehst und das Verborgene wahrnimmst und den Sieg erringst, wo keine Form besteht, dann bist du wahrlich vortrefflich.

Wang Xi
Gewöhnliche Menschen sehen die Mittel zum Sieg, aber wissen nichts über Formen, den Sieg zu sichern.

Li Quan
Jedermann kann leicht einen bewaffneten Konflikt sehen – dazu bedarf es kei-

nen Geschicks. Ein Wissen, das nicht über das hinausgeht, was die Allgemeinheit weiß, ist kein wirklich gutes Wissen.

Jia Lin
Bist du entschlossen in der Verteidigung und siegreich im Angriff; gelingt es dir, deine Ganzheit zu bewahren, ohne je zu verlieren; nimmst du den Sieg wahr, bevor er stattfindet, und erkennst du die Niederlage, bevor sie eintritt – ist dies die wahrlich feinsinnige Durchdringung des Geheimnisses.

Meister Sun
Es bedarf keiner großen Stärke, um ein Haar aufzuheben, es bedarf keiner scharfen Augen,

um Sonne und Mond zu sehen, es bedarf keiner guten Ohren, um einen Donnerschlag zu hören.

Wang Xi
Was ein jeder weiß, kann nicht Weisheit genannt werden. Ein Sieg über andere, der in einer erzwungenen Schlacht errungen wird, kann nicht gutgeheißen werden.

Li Quan
Ein weiser und fähiger Führer ersinnt listenreiche Pläne für Dinge, mit denen die anderen nicht rechnen. Daher spricht Sun Tsu davon, unergründlich wie das Dunkel zu sein.

Meister Sun
In alten Zeiten waren diejenigen als geschickte Krieger bekannt, die siegten, solange der Sieg leicht zu erringen war.

Cao Cao
Finde die Feinheiten heraus, über die du leicht obsiegen kannst; greife an, was du bezwingen kannst, greife nicht an, was du nicht bezwingen kannst.

Du Mu
Wenn die Strategie des Gegners zum ersten Mal in Erscheinung tritt, dann geh heimlich so vor, daß du imstande bist, sie anzugreifen. Da du dich nicht sehr anstrengen mußt und dir den Sieg

auf subtile Art sicherst, sagt man, es sei leicht zu siegen.

Meister Sun
Daher bringen den vertrefflichen Kriegern ihre Siege weder Ruhm für ihre Klugheit noch Verdienste für ihren Mut ein. Daher sind ihre Siege in der Schlacht kein Zufall. Ihre Siege sind deshalb kein Zufall, weil sie dort Stellung beziehen, wo sie mit Sicherheit siegen werden. So gewinnen sie die Oberhand über jene, die bereits verloren haben.

Mei Yaochen
Große Weisheit ist nicht offensichtlich, große Verdienste werden nicht bekannt

gemacht. Siehst du das Feine, dann ist es ein leichtes zu gewinnen – was hat dies mit Tapferkeit oder Klugheit zu tun?

He Yanxi
Wird eine Schwierigkeit aus dem Weg geräumt, bevor sie Gestalt annimmt, wer spricht da von Klugheit? Wird ein Sieg ohne Kampf errungen, wer spricht da von Tapferkeit?

Meister Sun
Daher gewinnt eine siegreiche Armee zuerst und sucht dann erst den Kampf; eine besiegte Armee zieht zuerst in den Kampf und strebt dann nach dem Sieg.

Cao Cao
Das ist der Unterschied zwischen jenen, die über eine Strategie verfügen, und jenen, denen es an Vorbedacht mangelt.

Meister Sun
Jene, die die Waffen geschickt einsetzen, kultivieren das Tao und halten die Regeln ein. Daher können sie so regieren, daß sie über die Korrupten obsiegen.

Cao Cao
Jene, die die Waffen geschickt einsetzen, kultivieren zuerst das Tao, das sie unbesiegbar macht, halten die Regeln

ein und verfehlen keine defätistische Verwirrung bei ihrem Gegner.

Meister Sun
Es gibt fünf Regeln der Kriegskunst: Messungen, Schätzungen, Analysen, Vergleiche und Sieg. Das Terrain führt zu Messungen, Messungen führen zu Schätzungen, Schätzungen führen zu Analysen, Analysen führen zu Vergleichen, Vergleiche führen zum Sieg.

Cao Cao
Wenn du die Messungen vergleichst, erkennst du, wo Sieg und Niederlage liegen.

Wang Xi
Das Schwere behauptet sich gegen das Leichte.

5.

KRAFT

Meister Sun
Will man eine Armee in die Lage versetzen, es mit einem Gegner aufzunehmen, ohne zu unterliegen, so ist dies eine Sache von unkonventionellen und konventionellen Methoden.

Zhang Yu
Verschiedene Menschen vertreten unterschiedliche Auffassungen darüber, was konventionell und was unkonventionell

ist. Das Konventionelle und das Unkonventionelle sind nichts Feststehendes, sondern gleichen einem Kreis. Kaiser Taizong der Tang-Dynastie, ein berühmter Krieger und Beamter, sprach davon, die Vorstellungen des Gegners vom Konventionellen und Unkonventionellen zu manipulieren und ihn dann unerwartet anzugreifen, denn dadurch, daß du beides zu einem verschmilzt, wirst du unergründlich für den Gegner.

Meister Sun
Die Wucht der Streitkräfte gleicht Steinen, die man gegen Eier wirft: Dies ist eine Sache von Leere und Fülle.

Cao Cao

Greife eine vollkommene Leere mit vollkommener Fülle an.

Zhang Yu

In einem späteren Kapitel heißt es, daß der gute Krieger die anderen veranlaßt, auf ihn zuzukommen, und nicht von sich aus auf andere zugeht. Dies ist das Prinzip von Leere und Fülle des anderen und seiner selbst. Wenn du den Gegner veranlaßt, auf dich zuzugehen, dann ist seine Kraft immer leer; solange du nicht auf ihn zugehst, ist deine Kraft immer erfüllt. Leere mit Fülle anzugreifen ist, als würdest du Steine auf Eier werfen – die Eier können nicht anders als zerbrechen.

Meister Sun
Im Kampf führt das Direkte zur Konfrontation, das Überraschende führt zum Sieg.

Cao Cao
In der direkten Konfrontation stehst du dem Feind von Angesicht zu Angesicht gegenüber. Überraschungsmanöver greifen unerwartet in den Flanken an.

Meister Sun
Deshalb sind jene, die das Unkonventionelle geschickt einsetzen können, unendlich wie Himmel und Erde und unerschöpflich wie Flüsse und Ströme. Kommen sie an ein Ende, beginnen sie von neuem, wie Sonne

und Mond; sie sterben und werden wiedergeboren wie die vier Jahreszeiten.

Li Quan
Himmel und Erde stehen für Bewegung und Stille. Flüsse und Ströme symbolisieren das endlose Fließen. Die Veränderungen der unkonventionellen, überraschenden Bewegungen gleichen dem unendlichen Wandel im Kreislauf des Wetters.

Meister Sun
Es gibt nur fünf Noten in der Tonleiter, aber ihre Variationen sind so zahlreich, daß man sie nicht alle hören kann. Es existieren nur fünf Grundfarben, aber ihre Variationen sind

so zahlreich, daß man sie nicht alle sehen kann. Es gibt nur fünf Geschmacksrichtungen, aber ihre Variationen sind so zahlreich, daß man sie nicht alle schmecken kann. Es gibt nur zwei Arten von Angriff, den unkonventionellen Überraschungsangriff und den konventionellen direkten Angriff, aber die Variationen des Konventionellen und Unkonventionellen sind sonder Zahl. Das Unkonventionelle und das Konventionelle bedingen einander, wie ein Kreis ohne Anfang und ohne Ende – wer könnte sie je ermüden?

Mei Yaochen
Die Vielfältigkeit der sich anpassenden Bewegungen ist unendlich.

Wang Xi
Der Gegner vermag dich nicht zu ermüden.

Meister Sun
Unordnung entsteht aus Ordnung, Feigheit entsteht aus Mut, Schwäche entsteht aus Stärke.

Jia Lin
Wenn du dich auf die Ordnung verläßt, wird Unordnung entstehen. Wenn du dich auf Mut und Stärke verläßt, werden Zaghaftigkeit und Schwäche entstehen.

Du Mu

Dies bedeutet folgendes: Wenn du Unordnung vortäuschen willst, um den Gegner zu locken, mußt du zuerst völlige Ordnung herstellen, denn nur dann wird es dir gelingen, eine künstliche Unordnung zu schaffen. Willst du Feigheit vortäuschen, um dem Gegner nachzuspionieren, mußt du zuerst äußerst tapfer sein, denn nur dann kannst du künstliche Feigheit zeigen. Wenn du Schwäche vortäuschen willst, um Hochmut im Gegner zu bewirken, mußt du zuerst äußerst stark sein, denn nur dann kannst du schwach erscheinen.

Meister Sun
Ordnung und Unordnung sind eine Frage der Organisation; Mut und Feigheit sind eine Frage des Kräftepotentials, Stärke und Schwäche sind eine Frage der Formation.

Li Quan
Wenn eine Armee die Macht der Umstände auf ihrer Seite hat, dann wird selbst der Feige tapfer; wenn sie die Macht der Umstände verliert, dann wird selbst der Tapfere feige. Nichts ist festgelegt in den Gesetzen des Krieges – sie entwickeln sich aufgrund der jeweiligen Kräfteverhältnisse.

Chen Hao

Der Tapfere handelt schnell, während der Feige sich Zeit läßt. Wenn der Gegner sieht, daß du dich nicht vorwärtsbewegst, wird er annehmen, du seist feige, und dich nicht ernst nehmen. Dann kannst du seine Nachlässigkeit ausnützen und die Situation ausnützen, um ihn anzugreifen.

Meister Sun

Daher beziehen jene, die den Gegner geschickt zu Bewegungen veranlassen, Stellungen, denen sich der Gegner anpassen muß; sie bieten dem Gegner etwas, was er mit Gewißheit annehmen wird. Sie veranlassen den Gegner zu Bewegung, indem sie ihm einen

Vorteil vorgaukeln, und warten auf ihn im Hinterhalt.

Cao Cao
Formationen, denen sich der Gegner anpassen muß, sind Formationen, die den Eindruck der Erschöpfung vermitteln. Einen Gegner kannst du in Bewegung versetzen, indem du ihm einen Vorteil vorgaukelst.

Meister Sun
Deshalb sucht der gute Krieger die Wirksamkeit in der Schlacht im Zusammenspiel der Kräfte und nicht im einzelnen Individuum. Deshalb ist er fähig, andere auszuwählen und die Umstände für sich arbeiten zu lassen.

Li Quan

Wenn du die Macht der Umstände auf deiner Seite hast, kann selbst der Feige mutig sein. Daher ist es möglich, die Leute nach ihren Begabungen auszuwählen und jedem die ihm angemessene Verantwortung zu übertragen. Der Tapfere kann kämpfen, der Sorgfältige kann Wache halten, der Intelligente kann für die Verständigung sorgen. Keiner ist nutzlos.

Mei Yaochen

Es ist ein leichtes, Leute dazu zu bewegen, im Zusammenspiel der Kräfte zu handeln, während es schwierig ist, Einsatz vom einzelnen zu fordern. Der Fähige muß die rechten Leute wählen und auch die Macht der Umstände das ihre tun lassen.

Zhang Yu
Die Regel über das Abgeben von Verantwortung besteht darin, Gier und Torheit, Intelligenz und Tapferkeit auszunützen und so die natürlichen Kräfte des einzelnen zu berücksichtigen. Es bedeutet, die Menschen nicht für das zu tadeln, dessen sie nicht fähig sind, sondern für sie ihrem Vermögen entsprechende Verantwortungsbereiche zu suchen.

6.

LEERE UND FÜLLE

Meister Sun
Jene, die sich als erste am Schlachtfeld einfinden und den Gegner erwarten, sind entspannt; jene, die als letzte am Schlachtfeld eintreffen und sich übereilt in den Kampf stürzen, verausgaben sich.

Meister Sun
Deshalb veranlassen begabte Krieger die anderen, auf sie zuzukommen, und gehen nicht von sich auf andere zu.

Zhang Yu
Wenn du den Gegner veranlaßt, in den Kampf einzutreten, dann wird seine Kraft immer leer sein. Wenn du dich nicht in den Kampf begibst, dann wird deine Kraft immer erfüllt sein. Dies ist die Kunst, wie du den anderen leeren und dich selbst erfüllen kannst.

Meister Sun
Erscheine, wo dein Gegner nicht hingelangen kann; eile dorthin, wo er dich am wenigsten erwartet. Willst du tausend Meilen zurücklegen, ohne zu ermüden, dann durchquere Gebiete, wo der andere nicht hinkommt.

Cao Cao

Mach es dem Feind unmöglich, dorthin zu gelangen, wo Hilfe gebraucht wird. Erscheine, wo sich eine Öffnung auftut, und greife an, wo sich eine Lücke zeigt; meide die Stellen, wo er Wache hält; schlage zu, wo er dich nicht erwartet.

Meister Sun

Willst du sichergehen, daß du auch erobern kannst, was du angreifst, dann greife Stellungen an, die nicht verteidigt werden. Willst du sichergehen, daß du auch halten kannst, was du verteidigst, dann verteidige Stellungen, die nicht angegriffen werden können.

Li Quan
Es ist leicht, jene zu überwältigen, die nicht vorausgedacht haben.

Chen Hao
Zähle nicht darauf, daß der Gegner nicht angreift; sei besorgt darüber, daß du selbst nicht genügend vorbereitet sein könntest. Wenn du überall angreifen und dich überall verteidigen kannst, dann ist deine militärische Strategie vollkommen.

Zhang Yu
Jene, die es verstehen anzugreifen, bewegen sich in den Höhen des Himmels und machen es dem Gegner unmöglich,

sich auf sie vorzubereiten. Wenn sich niemand auf dich vorbereiten kann, dann ist alles, was du angreifst, ungesichert. Jene, die es verstehen, sich zu verteidigen, verbergen sich in den Tiefen der Erde und machen es dem Gegner unmöglich, sie zu ergründen. Bist du unergründlich, dann wird der Gegner nicht angreifen, was du beschützt.

Meister Sun
Deshalb weiß der Gegner bei jenen, die geschickt anzugreifen wissen, nicht, wo er sich verteidigen soll. Bei jenen, die es verstehen, sich zu verteidigen, weiß der Gegner nicht, wo er angreifen soll.

Mei Yaochen
Jene, die vortrefflich im Angriff sind, lassen die Geheimnisse ihres Einsatzes nicht nach außen dringen. Jene, die sich zu verteidigen wissen, treffen gründliche Vorbereitungen, die lückenlos sind.

Meister Sun
Sei unendlich subtil, ja geh bis an die Grenzen des Formlosen. Sei unendlich geheimnisvoll, ja geh bis an die Grenzen des Lautlosen. So kannst du Herr über das Schicksal des Gegners sein.

Du Mu
Das Subtile ist Stille, das Geheimnisvolle ist Bewegung. Stille ist Verteidigung, Be-

wegung ist Angriff. Ob der Gegner überlebt oder zugrunde geht, liegt an dir; deshalb scheint es, als wärest du der Herrscher über sein Schicksal.

Du You
Dies bedeutet, so subtil zu sein, daß dich niemand mehr wahrnehmen kann, und fähig zu sein, dich so unvermutet zu wandeln wie ein geheimnisvoller Geist.

Mei Yaochen
Formlosigkeit heißt, so subtil und verborgen zu sein, daß dich niemand auskundschaften kann. Lautlosigkeit bedeutet, daß du so geheimnisvoll schnell bist, daß dich niemand bemerkt.

Meister Sun
Willst du den Kampf vermeiden, dann kann der Feind nicht mit dir kämpfen, selbst wenn du zur Verteidigung nur eine Linie auf dem Boden ziehst, denn du führst ihn auf die falsche Spur.

Li Quan
Führe den Gegner auf die falsche Spur, indem du ihn so täuschst, daß er nicht mehr imstande ist, mit dir zu kämpfen.

Meister Sun
Analysiere deinen Gegner, um seine Pläne in Erfahrung zu bringen, seine erfolgreichen genauso wie seine fehlgeschlagenen. Bring ihn zum Handeln, um die Muster von Be-

wegung und Innehalten bei ihm herauszufinden.

Meng Shi
Analysiere die Verhältnisse des Gegners, beobachte, was er tut, und du kannst seine Pläne und Maßnahmen herausfinden.

Chen Hao
Tu etwas für oder gegen deinen Gegner, und lenke seine Aufmerksamkeit darauf, damit du die Muster seines aggressiven oder defensiven Verhaltens herausfinden kannst.

7.

KAMPF

Meister Sun
Die Schwierigkeit im bewaffneten Kampf besteht darin, Fernes in Nahes und Widrigkeiten in Vorteile zu verwandeln.

Cao Cao
Während du dir den Anschein gibst, weit entfernt zu sein, beschleunigst du deinen Schritt und erreichst das Ziel vor deinem Gegner.

Meister Sun
Wenn du also die Pläne deiner Widersacher nicht kennst, kannst du keine gut informierten Bündnisse schließen.

Cao Cao
Du kannst keine Bündnisse schließen, wenn du nicht die Lage, die Gefühle und Pläne des Gegners kennst.

Meister Sun
Benützt du Ordnung, um der Unordnung Herr zu werden; benützt du Ruhe, um mit Tumult fertig zu werden, dann beherrschst du deinen Geist.

Du Mu
Sobald dein Geist gefestigt ist, solltest du ihn ins Gleichgewicht bringen und ordnen. Dann ist er ruhig und stabil und läßt sich weder durch Ereignisse noch durch die Aussicht auf Gewinn irreführen. Erspähe Unordnung und Tumult in den feindlichen Reihen, und greife dann an.

Meister Sun
Treibe einen verzweifelten Gegner nicht in die Enge.

Mei Yaochen
Auch ein erschöpftes Tier wird noch kämpfen; dies ist das Gesetz der Natur.

8.

ANPASSUNG

Zhang Yu
Anpassung bedeutet, nicht an bestimmten Methoden festzuhalten, sondern sich nach den Ereignissen zu richten und dementsprechend zu handeln.

Meister Sun
Es gibt Wege, die du nicht einschlagen solltest; es gibt Armeen, die du nicht angreifen solltest; es gibt Festungen, die du nicht belagern solltest; es gibt Gebiete, um die du

nicht kämpfen solltest; es gibt Befehle der zivilen Regierung, denen du nicht gehorchen solltest.

Meister Sun
Deshalb schließen die Überlegungen der Weisen immer sowohl Nutzen als auch Schaden ein. Da sie den Nutzen abwägen, kann ihre Arbeit gedeihen; da sie den Schaden abwägen, können ihre Schwierigkeiten überwunden werden.

He Yanxi
Nutzen und Schaden sind miteinander verwoben, daher berücksichtigt der Erleuchtete immer beide.

Meister Sun
Was daher den Widersacher in Schach hält, ist Schaden; was den Widersacher geschäftig hält, ist Arbeit; was den Widersacher motiviert, ist Gewinn.

Zhang Yu
Bring ihn in eine Lage, wo er verwundbar ist, und er wird sich ergeben. Eine andere Strategie besteht darin, Zwistigkeiten in seinen Reihen zu säen und ihm Schaden zuzufügen, indem du ihn aufreibst und die Menschen kampfunfähig machst.

Meister Sun
Die Regeln für militärische Operationen lehren nicht, darauf zu zählen, daß der Feind

nicht kommt, sondern darauf zu vertrauen, daß wir Mittel und Wege haben, mit ihm fertig zu werden; sie lehren nicht, darauf zu bauen, daß wir etwas haben, was unangreifbar ist.

He Yanxi
Hältst du dir die Gefahr immer dann vor Augen, wenn du in Sicherheit bist, und erinnerst du dich in Zeiten der Ordnung an das Chaos; hältst du Ausschau nach Gefahr und Chaos, während sie noch nicht Form angenommen haben, und beugst du ihnen vor, bevor sie eintreten, dann bist du wahrhaft vortrefflich.

9.

VORMARSCH

Meister Sun
Jene, die kommen, um zu verhandeln, sehnen sich nach einer Atempause.

Du You
Wenn sie demütig und versöhnlich auf dich zukommen, noch bevor du sie im Kampf unterworfen hast, bedeutet es, daß sie sich nach einer Atempause sehnen.

Meister Sun

Eine Regierung sollte die Armee nicht aus Zorn mobil machen; militärische Führer sollten einen Krieg nicht aus Wut provozieren. Zorn kann sich in Freude kehren, Wut kann sich in Entzücken wandeln, aber eine zerstörte Nation kann nicht wiederhergestellt und die Toten können nicht wieder zum Leben erweckt werden. Daher geht eine erleuchtete Regierung sorgfältig damit um, und eine gute militärische Führung nimmt sich davor in acht. Dies ist der Weg, einer Nation den Frieden zu erhalten und die Unversehrtheit der bewaffneten Kräfte zu bewahren.

Zhang Yu

Waffen sind unheilvolle Geräte; der Krieg ist eine gefährliche Angelegenheit. Es ist unabdingbar notwendig, eine verheerende Niederlage abzuwehren; daher reicht es nicht, eine Armee aus nichtigen Gründen zu mobilisieren. Waffen dürfen nur dann benützt werden, wenn keine andere Wahl mehr bleibt.

Cao Cao

Greif nicht zu den Waffen, nur weil deine Gefühle dich dazu treiben.

Wang Xi
Wenn du in deinen Gefühlen widersprüchlich bist, wirst du deine Würde und Glaubwürdigkeit verlieren.

Quellennachweis

Sun Tsu, *Wahrhaft siegt, wer nicht kämpft, Die Kunst der richtigen Strategie,* Der chinesische Klassiker, bearbeitet von Thomas Cleary, Deutsch von Ingrid Fischer-Schreiber, © für die deutsche Ausgabe 1990 by Verlag Hermann Bauer KG, Freiburg im Breisgau.

Von Sun Tsu ist im
Hermann Bauer Verlag erschienen:

Wahrhaft siegt, wer nicht kämpft
Die Kunst der richtigen Strategie
211 S., geb.; ISBN 3-7626-0541-6

Sun Tsus Ratschläge für den Umgang mit Konflikten lassen sich auf allen Ebenen anwenden: auf der persönlichen, der beruflichen, der gesellschaftlichen und politischen Ebene. Dabei läßt Sun Tsu dem Leser Raum, die von ihm verwendeten Bilder auf die eigene Lebenssituation zu übertragen. Wer das immer wieder und immer neu tut, findet hier eine unerschöpfliche Quelle von Inspiration im Umgang mit Konflikten und Entscheidungen.

Verlag Hermann Bauer · Freiburg im Breisgau